中文

（修订版）

第九册 练习册Ⓐ

中国暨南大学华文学院 编

暨南大学出版社

中国·广州

目　录
Contents

1. 剪　纸

1. 写一写：

兽
案
羡
充
叔
婚
添
氛

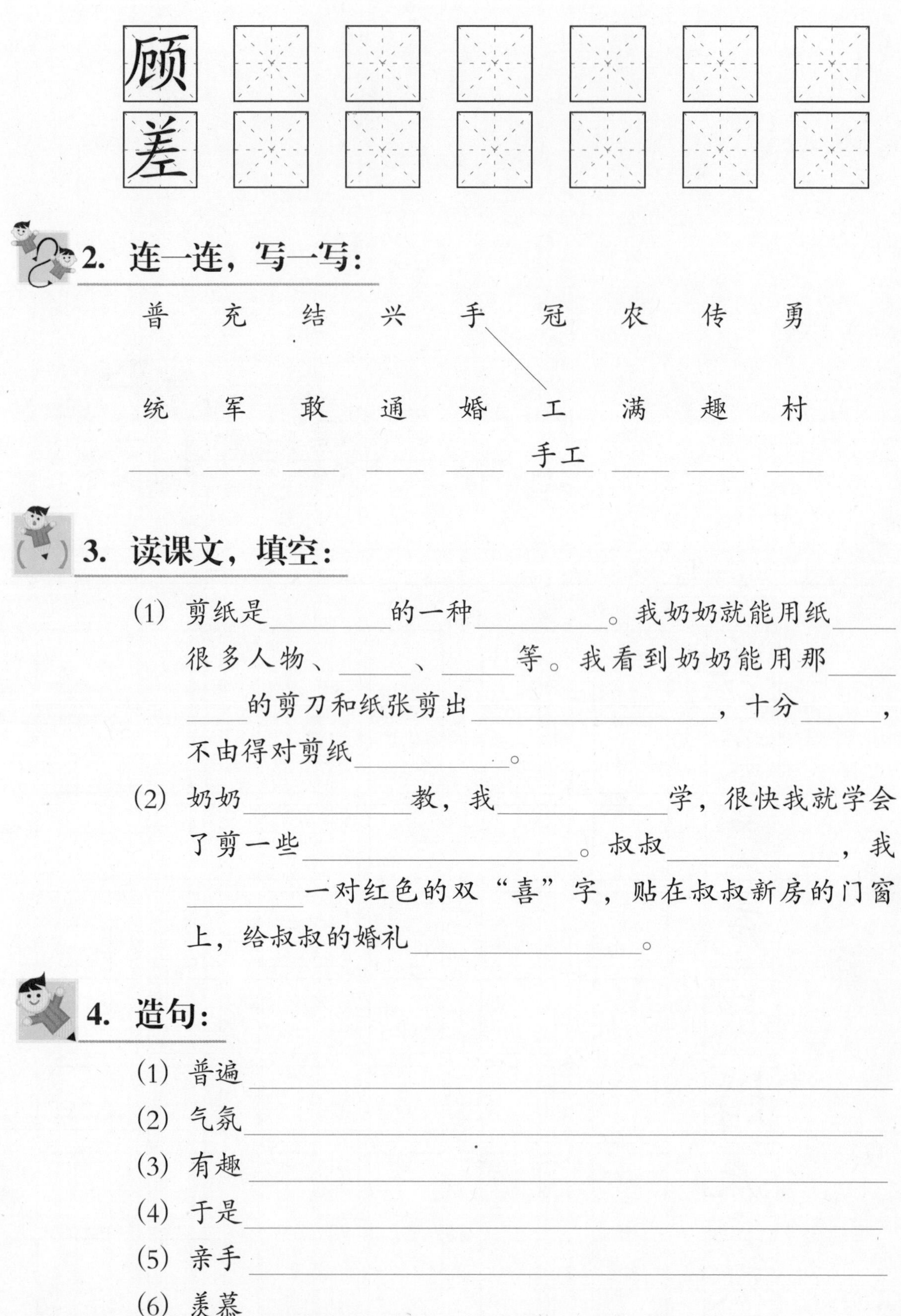

顾

差

2. 连一连，写一写：

普　充　结　兴　手　冠　农　传　勇

统　军　敢　通　婚　工　满　趣　村

____ ____ ____ ____ ____ 手工 ____ ____ ____

3. 读课文，填空：

(1) 剪纸是________的一种________。我奶奶就能用纸________很多人物、______、______等。我看到奶奶能用那______的剪刀和纸张剪出________________，十分______，不由得对剪纸__________。

(2) 奶奶____________教，我____________学，很快我就学会了剪一些________________。叔叔____________，我________一对红色的双“喜”字，贴在叔叔新房的门窗上，给叔叔的婚礼______________。

4. 造句：

(1) 普遍 ________________________________

(2) 气氛 ________________________________

(3) 有趣 ________________________________

(4) 于是 ________________________________

(5) 亲手 ________________________________

(6) 羡慕 ________________________________

5. 改病句：

(1) 剪纸是一种手工艺术中国民间的。

____

(2) 我跟着奶奶于是开始学剪纸。

____

(3) 我不由得充满了好奇心对剪纸。

____

(4) 这些技艺都是人们手把手地一代一代传下来的。

____

6. 用“不由得”完成句子：

(1) 我看到奶奶能剪出那么多有趣的图案，十分羡慕，

______________________________。

(2) 我在国外读书的时候，看到当地的一家人在一起，

______________________________。

(3) 我们看到大家跳舞跳得这么开心，

______________________________。

(4) 爸爸看到妹妹这么懂事，

______________________________。

7. 朗读课文。

1. 写一写：

添						
氛						
顾						
差						
夸						
冠						
村						
技						
图						
叔						

2. 看汉字，写拼音：

(　　) (　　) (　　)

普通　充满　差不多

(　　) (　　) (　　)

人物　兴趣　冠军

3. 比一比，再组词(cí)语：

兽 ______	充 ______	案 ______	图 ______
曾 ______	统 ______	赛 ______	园 ______
昏 ______	气 ______	剪 ______	叔 ______
婚 ______	氛 ______	前 ______	权 ______

4. 读句子，用加点的词(cí)语造句：

(1) 每次剪纸，我都充满着极大的兴趣。

____

(2) 看着那些有趣的图案，十分羡慕，我不由得对剪纸充满了好奇。

____

(3) 双“喜”字给叔叔的婚礼增添了喜庆气氛。

____

(4) 我顾不上吃饭和睡觉，花了差不多一个晚上的时间，剪出了“十二生肖(xiào)”。

____

5. 连词(cí)成句：

(1) 剪纸　艺术　中国　手工　是　的　民间　一种

____

(2) 我　汉字　图案　的　了　一些　学会　简单　剪　和

____

(3) 我　红色的双“喜”　亲手　字　了　剪　一对

____

(4) 都　剪　同学们　形象　夸　老师　我　得　和　生动

____

(5) 获得了　手工　我　的　比赛　冠军　制作

____

6. 读课文，填空：

(1) 每次剪纸，我都充满着__________。有一次，中文学校______手工制作比赛，我________吃饭和睡觉，________一个晚上的时间，剪出了“十二生肖(xiào)”。老师和同学们都________剪得__________，__________，结果我______________。______，我更加喜欢剪纸了。

(2) 奶奶告诉我，在中国______，人们________还要剪花灯、窗花和一些神话人物。这些____________，都是人们____________________传下来的。

(3) 剪纸______中国的一种______________，______勤劳勇敢的中国人民________________呢！

7. 阅读短文，判断句子，对的打“√”，错的打“×”：

我爱剪纸。每次剪纸时，我都怀着极大的兴趣，拿出剪刀和各种颜色的纸，细心地剪。比如要剪一幅“蝴蝶戏花图”，首先把一张纸对折，然后用剪刀剪出蝴蝶的半边身子，展开后，就是一只完整的蝴蝶，最后还要剪出花来。蝴蝶容易剪，剪花就难了。要剪出一朵逼真的花，就必须十分细致(zhì)。剪花瓣(bàn)时，剪刀得快一点儿，一剪子剪下来最好，可剪叶子的时候，就得剪得慢一点儿，不然就容易剪坏。剪花枝(zhī)时，要剪得很细，还不能剪得太长。剪纸还真有学问呢！

(1) 剪纸一定要细心才能剪好。 (　)

(2) 剪花比剪蝴蝶容易。 (　)

(3) 剪叶子时，要一剪子剪下来最好。 (　)

(4) 剪花枝(zhī)时，不仅要剪得很细，还要剪得长些。 (　)

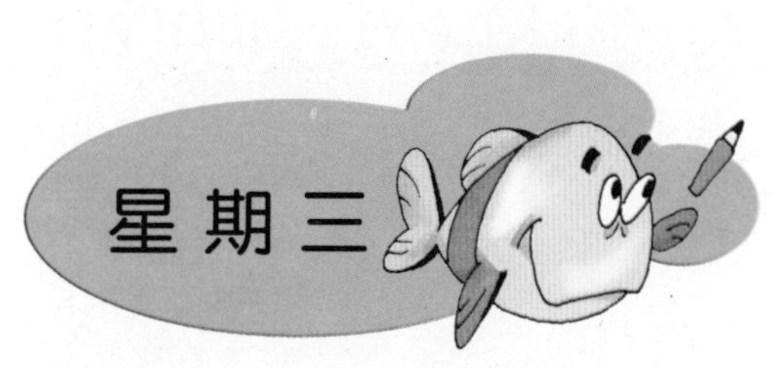

1. 写一写：

夸						
冠						
村						

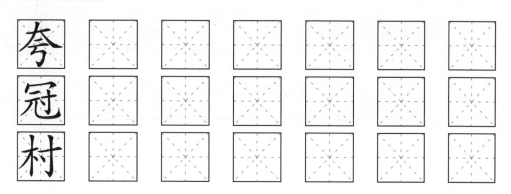

技

统

敢

智

慧

羡

2. 给下列字加上部首，再组词(cí)语：

火 ______ ______　　页 ______ ______　　安 ______ ______

昏 ______ ______　　气 ______ ______　　剪 ______ ______

知 ______ ______　　方 ______ ______　　次 ______ ______

3. 组词(cí)语：

充 { ______ ______ ______　　婚 { ______ ______ ______　　智 { ______ ______ ______

村 { ______ ______ ______　　技 { ______ ______ ______　　图 { ______ ______ ______

4. 造句：

(1) 兴趣 ____________________

(2) 生动 ____________________

(3) 冠军 ____________________

(4) 从此 ____________________

5. 照例(lì)子填空：

我花了	差不多	一个晚上的时间才剪出“十二生肖(xiào)”。

6. 照例(lì)子扩(kuò)写句子：

例(lì)：太阳升起来了。

红红的太阳从东方慢慢地升起来了。

(1) 奶奶教，我学。

____

(2) 剪纸是一种手工艺术。

____

(3) 她能用剪刀和纸张剪出图案。

____

(4) 每次剪纸，我都充满着兴趣。

____

7. 把下面的话扩(kuò)写成100字左右的短文：

在比赛中，我夺得了冠军，老师和同学们都夸我。

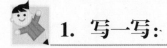

1. 写一写：

统 敢 智 慧 兽

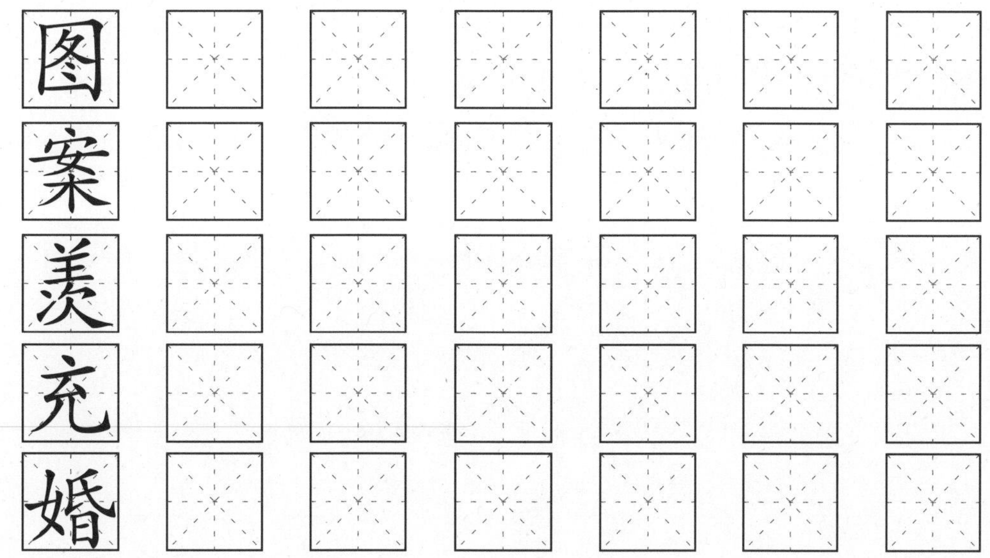

cí

2. 比一比，再组词语：

顾________ 慧________ 统________

项________ 琴________ 绕________

顶________ 急________ 流________

村________ 智________ 技________

寸________ 指________ 支________

cí

3. 选词语填空：

(1) 从此　从来

他____都没有说过假话。

大家都夸我剪得好，____我更加喜欢剪纸了。

(2) 高兴　有趣　兴趣

在中文学校能认识这么多的新朋友，我很____。

每次剪纸，我都怀着极大的____。

奶奶用普普通通的剪刀和纸张剪出了那么多____的

4. 改错别字：

(1) 红色的双“喜”字给叔叔的婚礼增添了喜庆气氛。 (　　)(　　)

(2) 这次比赛我得了冠军。 (　　)(　　)

(3) 这种传统的手工艺术是中国人民伟大智慧的表现。 (　　)(　　)

(4) 老师和同学们都夸我剪得生动形象。 (　　)(　　)

5. 标出下列(liè)句子的先后顺序(xù)：

(　　) 很快我就学会了剪一些简单的字和图案。

(　　) 叔叔结婚的时候，我剪了一对红色的双“喜”字。

(　　) 奶奶手把手地教，我认认真真地学。

(　　) 给叔叔的婚礼增添了喜庆气氛。

(　　) 贴在了叔叔新房的门窗上。

6. 连词(cí)成句：

(1) 好奇心　我　了　剪纸　充满　对　不由得

____

(2) 气氛　双“喜”字　我　增添　剪的　叔叔的婚礼　了　给　的　喜庆

____

…欠　从此　了　我　剪纸　更加

____

…双　更　跳舞　会　会　唱歌　亮亮

____

7. 把课文读给爸爸妈妈听，让他们评评分：

评　分	家长签名

1. 读拼音，写词(cí)语：

shòu：接______　鸟______

àn：______照　图______

tiān：增______　每______

guàn：习______　______军

yǒng：______敢　______远

huì：智______　开______

2. 连一连，写一写：

普普通通的	中国人民	______
有趣的	兴趣	______
传统的	气氛	______
勤劳勇敢的	手工艺术	______
极大的	图案	______
喜庆的	剪刀	______

3. 选词语填空：

差不多　差得远　不由得　由不得

(1) 这件事________你，要按照我们说的做。

(2) 我看到奶奶剪了这么多有趣的图案，十分羡慕，________对剪纸充满了好奇心。

(3) 我________花了一个晚上的时间，剪出了"十二生肖"。

(4) 你的成绩跟亮亮的比，________了。

4. 照例子写句子：

例：剪纸不仅是中国的一种传统手工艺术，更是勤劳勇敢的中国人民伟大智慧的表现呢！

(1) 亮亮不仅____________，更________________________________。

(2) 妈妈不仅________________________________，更会跳舞。

(3) ________不仅________________________________，更____________
____________________。

(4) ________不仅________________________________，更____________
____________________。

5. 造句：

(1) 传统____

(2) 勇敢____

(3) 差不多____

(4) 不仅是……更是……______________________________________

6. 照例子缩写句子：

例：我们看了一场精彩的排球比赛。

我们看了比赛。

(1) 我亲手剪了一对红色的双“喜”字。

____

(2) 剪纸是一种传统的手工艺术。

____

(3) 她今天剪了一只生动逼真的狗的图案。

____

(4) 这些剪纸的技艺，都是人们一代一代手把手地传下来的。

____

7. 阅读短文，回答问题：

今天，我们班举行了一次小制作比赛。

方老师一声令下，我们就开始做自己的小制作了。我用两张纸做起小猴来。我拿出一把剪刀，把纸剪成正方形，四角对折，正反折了三次，把角翻出来，一只小猴出来了。我又在它那尖尖的脸上添了两片红色，就更像了。

不一会儿，全班的小制作摆满了桌面，有小鸡、飞鸟、彩球、小船、小狗、幸运星，各式各样，生动逼真。方方把她制作的小花篮送给了方老师。方老师称赞我们都是心灵手巧的好学生。

(1) 我是怎样制作小猴的？

____

____

____

(2) 我们班的同学在比赛中都制作了一些什么？

(3) 同学们的小制作做得怎么样？

3. 家庭音乐会

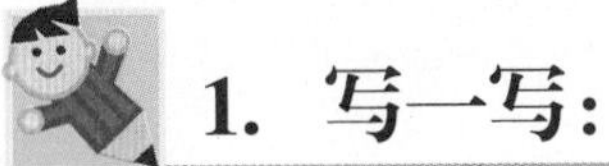

末

欣

咖

啡

简

递

嗓

迫

抢 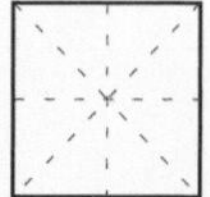 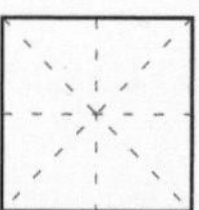 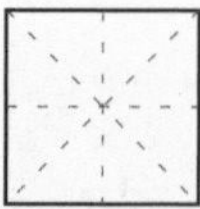 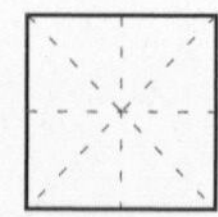 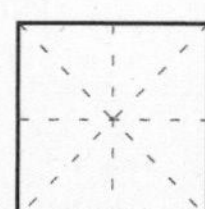 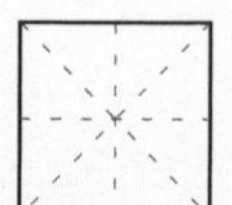

2. 比一比，再组词语（cí）：

末 ________	欣 ________	递 ________
未 ________	欢 ________	第 ________
迫 ________	筒 ________	咖 ________
追 ________	简 ________	加 ________

3. 读课文，填空：

(1) 这个______怎么过呢？我早就想好了，开个__________，因为__________，加上爸爸__________________，也应该__________。爸爸、妈妈________，姐姐________________，连爷爷都高兴地说："好！__________！"

(2) 姑夫是艺术学院毕业的________，演唱这首歌________。他__________站起来，________嗓子，认真地唱起来。啊！他__________！

4. 造句：

(1) 最近 ______________________________

(2) 好好儿 ______________________________

(3) 利用 ______________________________

(4) 连……都…… ______________________________

5. 改病句：

(1) 我早就准备好的花生拿出了。

____

(2) 我手拿话筒和姐姐。

____

(3) 姑姑和姑父来我们家做客带着表哥。

____

(4) 姐姐说完，把话筒就递给了姑父。

____

(5) 这时，爷爷也坐不住了兴奋得。

____

lì

6. 照例子填空：

爷爷	刚	一唱完，	就	赢得了一阵热烈的掌声。
爸爸		回到家，		
				知道了。

7. 朗读课文。

1. 写一写：

递
嗓
迫
抢
弱
洪
喝
旋

2. 改错别字：

(1) 今天是周未，爸爸妈妈兴然同意带我去书店。 (　　)(　　)

(2) 他追不及待地抢过话筒。 (　　)(　　)

(3) 他清了清嗓子，就认真的唱了起来。 (　　)(　　)

(4) 姐姐更是拍手叫好，连爷爷都高兴地说：“好，我赞成，我赞成。” (　　)(　　)

3. 连一连，写一写：

最　　利　　赞　　节　　学　　嗓　　京　　欣

子　　院　　然　　剧　　用　　近　　成　　目

____　____　____　____　____　____　____　____

4. 连词(cí)成句：

(1) 怎么　周末　呢　这个　过

____

(2) 爸爸　音响　最近　高级　新买　一　了　套

____

(3) 姑父　高才生　艺术　是　毕业　的　学院

____

(4) 他　给　话筒　把　姑父　递　了

____

(5) 家庭音乐会　高潮　这首歌　这次　推向了　把

____

5. 读课文，判断下列(liè)句子，对的打“√”，错的打“×”：

(1) 我们在姑姑家开了一个家庭音乐会。 ( )

(2) 中国的国庆节是农历10月1日。 ( )

(3) 在家庭音乐会上我和姐姐是主持人。 ( )

(4) 大家都同意开个家庭音乐会，只有姐姐拍手说不行。 ( )

(5) 爷爷唱了一段京剧。 ( )

(6) 姑父演唱《东方之珠》这首歌最拿手。 ( )

6. 造句：

(1) 赞成 ____________________

(2) 是……又是…… ____________________

(3) 欣然 ____________________

(4) 拿手 ____________________

7. 阅读短文，判断句子，对的打“√”，错的打“×”：

著名京剧表演艺术家李少春，被人们称为“中国猴(hóu)王”。他扮演的孙悟(wù)空活灵活现，既有神猴(hóu)的特点，又有真猴(hóu)的性格。他之所以能成功，除了平时勤学苦练外，还在于他喜欢动脑子，能够从戏外学到有用的东西。

有一次，他去看田径(jìng)比赛，发现撑杆(chēnggān)跳高运动员的动作十分优美。他就想，如果把这个动作用在孙悟(wù)空身上，效(xiào)果一定不错。于是，回去以后他天天苦练，终于掌握了这个动作。在演出《美猴(hóu)王》时，只见他把金箍棒(gū bàng)一拄(zhǔ)，高高跃(yuè)起，稳(wěn)

wěn
稳地坐在了两米高的台子上。在场的观众都被他这手绝活惊呆了。过了好一会儿，剧场里才响起热烈的掌声。

(1) 李少春扮演的孙悟(wù)空活灵活现。 (　)

(2) 李少春请教田径(jìng)比赛的运动员，学会了撑杆(chēnggān)跳高的动作。 (　)

(3) 他演出《美猴(hóu)王》时，用了撑杆(chēnggān)跳高的动作。 (　)

(4) 李少春演的美猴(hóu)王跳起来坐到了两米高的台子上，观众看到都不想鼓掌。 (　)

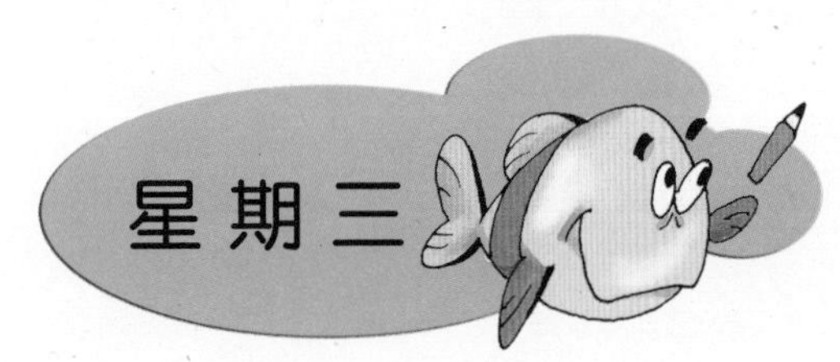

1. 写一写：

弱						
洪						
喝						
旋						
咖						

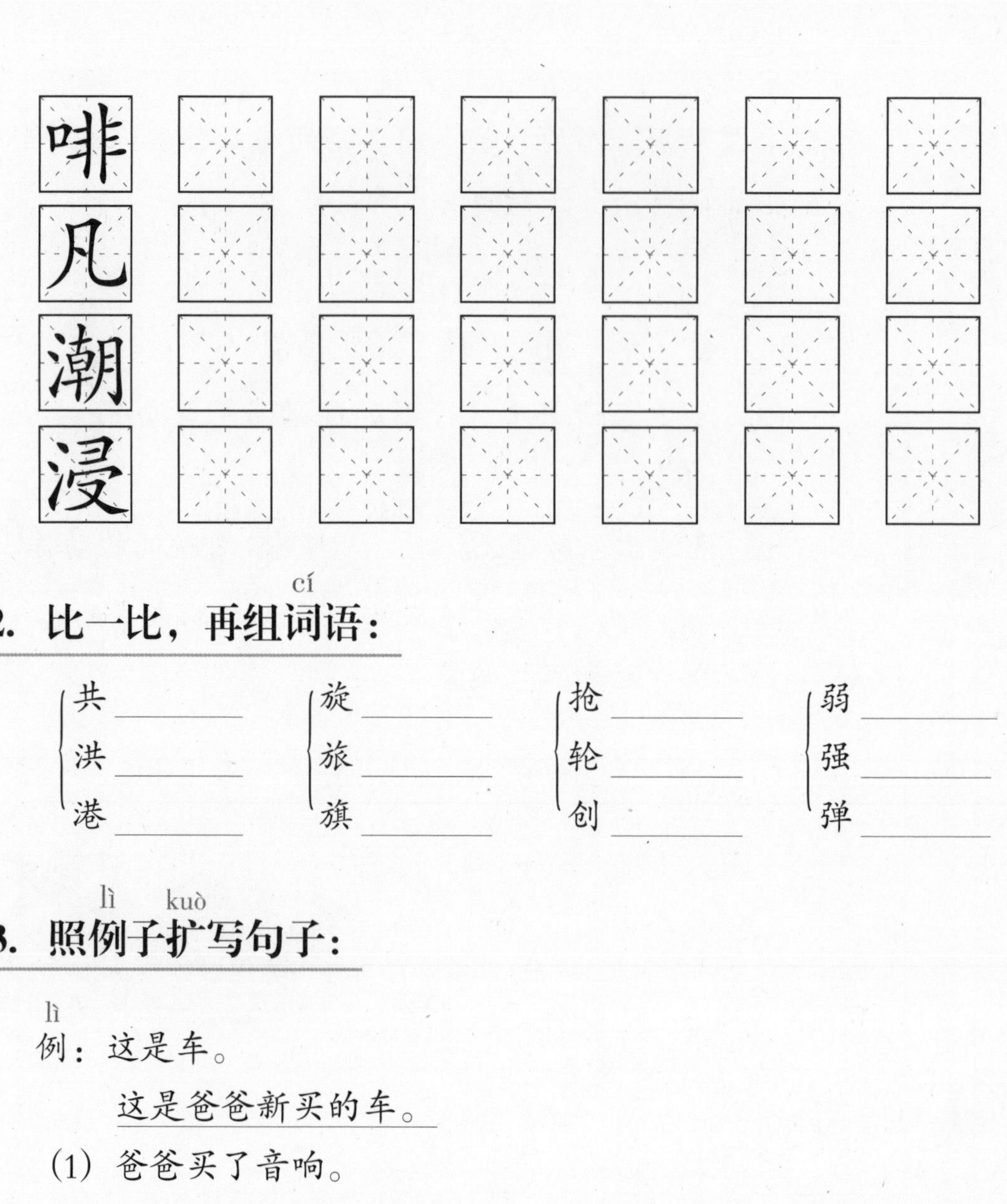

2. 比一比，再组词(cí)语：

共 ______	旋 ______	抢 ______	弱 ______
洪 ______	旅 ______	轮 ______	强 ______
港 ______	旗 ______	创 ______	弹 ______

3. 照例(lì)子扩(kuò)写句子：

例(lì)：这是车。

这是爸爸新买的车。

(1) 爸爸买了音响。

____

(2) 姑父是高才生。

____

(3) 他站起来。

____

(4) 我拿出了小吃。

____

(5) 演唱受到了欢迎。

____

4. 造句：

(1) 节目 ____________________

(2) 所有 ____________________

(3) 一……就…… ____________________

(4) 在……下 ____________________

5. 标出下列句子的先后顺序：
(liè: 列, xù: 序)

( ) 我们刚一说完，大家就鼓起掌来。

( ) 妈妈冲好了咖啡，姐姐打开了音响，爸爸、妈妈请爷爷和姑姑一家入座。

( ) 吃过晚饭，我拿出了早就准备好的花生、开心果等小吃。

( ) 大家坐好后，我和姐姐手拿话筒，学着节目主持人的样子一起说："庆祝国庆，家庭卡拉 OK 音乐会现在开始！"

6. 连词成句：
(cí: 词)

(1) 高级音响　一下　好好　应该　利用　这套

____

(2) 刚　一　就　说完　鼓起掌来　我们　大家

____

(3) 唱得　唱歌　深情　姑父　啊　多么

____

(4) 欢乐之中　都　在　大家　节日的　沉浸

____

7. 把下面的话扩（kuò）写成100字左右的短文：

云云唱了一首歌，大家都为她鼓掌。

1. 写一写：

凡

潮

浸

末

简

2. 给下列(liè)字加上部首，再组词(cí)语：

例(lì)：工 红 红色

加 ______ ______ 同 ______ ______

仓 ______ ______ 共 ______ ______

白 ______ ______ 朝 ______ ______

弟 ______ ______ 冗 ______ ______

3. 组词(cí)语：

简 { ______ ______ ______

递 { ______ ______ ______

迫 { ______ ______ ______

抢 { ______ ______ ______

凡 { ______ ______ ______

4. 用句后的词(cí)语完成句子：

(1) 我们刚一说完，______

(2) 运动会上，因为我们齐心协力，______

______

(3) 虽然他只有八岁，______

(4) 姑姑不但会唱中文歌，________________。（而且）

(5) 今天是国庆节，____________________，晚上姑姑一家来我家做客。（又是）

5. 读课文，填空：

(1) 大家坐好后，我和姐姐________，学着__________的样子，一起说："家庭________________，现在开始！"我们刚一说完，____________。

(2) 这时，爷爷____________________。爷爷是个__________。他要过话筒，唱起了京剧。他______快七十岁了，___声音还是__________。爷爷一唱完，就赢得了__________。

(3) 这首歌__________，__________，把这次家庭音乐会________。一家三代________，大家______________之中。

6. 把下面的话写完整：

昨天晚上的电视节目特别好看，我今天________________

____

____

____

7. 把课文读给爸爸妈妈听，让他们评评分：

评　分	家长签名

1. 看拼音，写汉字：

tǒng｛话____ 水____ ____一｝

jìn｛沉____ 附____ ____出｝

xīn｛____然 ____式 信____｝

2. 连一连，写一写：

旋律　　扑鼻____________________

气势　　悠(yōu)久____________________

声音　　欢快____________________

花香　　美好____________________

历史　　非凡____________________

生活　　洪亮____________________

3. 选词(cí)语填空：

不但……而且……　　　　连……都……

一……就……　　　　虽然……但是……

(1) 大家都觉得这个主意不错，(　　) 爷爷 (　　)

说：“好！我赞成！”

中文

(2) 爷爷（　　）快七十岁了，（　　）声音还是那么洪亮。

(3) （　　）做完作业，我（　　）开始剪纸。

(4) 爷爷（　　）参加了这个家庭音乐会，（　　）还唱了一段京剧。

lì suō

4. 照例子缩写句子：

lì

例：一棵棵小树在寒风中顽强地挺立着。

小树挺立着。

(1) 他们的演唱受到了人们的热烈欢迎。

____

(2) 我们学校的老师正在大礼堂看表演。

____

(3) 他深情地唱了一首中文歌。

____

(4) 爸爸最近买了一套高级音响。

____

liè xù

5. 标出下列句子的先后顺序：

（　　）接着，妈妈也不示弱，点唱了一首《春天的故事》。

（　　）这时，爷爷也兴奋得坐不住了，他要过话筒，唱起了京剧。

（　　）姑父一唱完，姑姑就迫不及待地抢过话筒，点了一首《东方之珠》。

（　　）他们的演唱都受到了热烈的欢迎。

（　　）爷爷虽然快七十岁了，但声音还是那么洪亮。

（　　）爷爷刚一唱完，就赢得了一阵喝彩声。

6. 把下面的对话补充完整：

云云：大家都唱了歌。爷爷，您也给我们表演一个节目吧。

爷爷：______________________________

云云：太好了！我可爱看京剧表演了。

爷爷：______________________________

云云：爷爷唱得真好！怎么平时不见你在家里唱啊？

爷爷：________________。云云，我教你唱京剧好不好？

云云：______________________________

7. 阅读短文，判断句子，对的打“√”，错的打“×”：

我爱唱歌。我上幼儿园的时候，就会唱很多儿歌了。上小学以后，有老师教我们，我就更爱唱歌了。每次上音乐课，我都认真地跟着老师学。课后，我还一遍遍地练。在家里，我常打开电视，看歌星们的演唱，还模仿他们的动作。爸爸给我买了很多音乐方面的书，最近还买了一套高级音响。我一有空就在家里唱卡拉OK。高兴时，我用歌声来表达心中的快乐；不顺心时，歌声帮我送走了心中的忧(yōu)伤。唱歌，成了我日常生活中的一项重要内容。

(1) 我从小就爱唱歌。 (　　)

(2) 上幼儿园时我就常在家里唱卡拉OK了。 (　　)

(3) 上音乐课时我不敢唱，所以回家后要一遍遍地练。 (　　)

(4) 唱歌不能给我快乐。 (　　)

5. 皇帝的新衣

1. 写一写：

皇
裁
纺
殊
笨
派
诚
糟

糕

2. 比一比，再组词(cí)语：

殊＿＿＿＿ 皇＿＿＿＿ 助＿＿＿＿
珠＿＿＿＿ 黄＿＿＿＿ 纺＿＿＿＿

谎＿＿＿＿ 防＿＿＿＿ 党＿＿＿＿
赏＿＿＿＿ 访＿＿＿＿ 常＿＿＿＿

3. 读课文，填空：

(1) 很久以前，有个皇帝＿＿＿＿，可是＿＿＿＿只穿一次就＿＿＿＿。时间一长，＿＿＿＿也做不出＿＿＿＿了。

(2) 一天，＿＿＿＿来见皇帝，说："我们是＿＿＿＿＿＿＿＿，能织出＿＿＿＿，这种布＿＿＿＿，凡是＿＿＿＿。"

(3) 皇帝＿＿＿＿，就带着一批大臣(chén)去看。皇帝＿＿＿＿，＿＿＿＿。"＿＿＿＿"他想，"我怎么＿＿＿＿？难道＿＿＿＿？不，不！我＿＿＿＿。"

(4) 没多久，两个骗子＿＿＿＿，接着＿＿＿＿。"衣服"做好后，他们＿＿＿＿，＿＿＿＿，又＿＿＿＿。

4. 用句后的词(cí)语完成句子：

(1) 我知道做错了，＿＿＿＿＿＿＿＿ (再也不)

(2) 这种布很特殊，______ （凡是）

(3) 亮亮很会打篮球，______ （可是）

(4) ______，他一定会生气的。（要是）

(5) 有了这种布，______ （聪明）

(6) 我们一起去了长城，______ （接着）

5. 把（ ）里的词(cí)放到正确的位置上：

例：狼 A 从那条路 B 逃走了 C。（也许） A

(1) A 有个皇帝 B 爱穿 C 新衣服。（最） ______

(2) A 我 B 没见过 C 这么漂亮的布。（从来） ______

(3) A 街上的人 B 听了 C 哈哈大笑。（都） ______

(4) 我 A 不 B 能说我看 C 不见。（决） ______

(5) 两个骗子 A 给皇帝 B 穿上衣服 C。（假装） ______

(6) A 皇帝 B 听了 C 得意。（更加） ______

6. 造句：

(1) 特殊 ______

(2) 糟糕 ______

(3) 再也不 ______

(4) 难道 ______

(5) 多么 ______

(6) 要是 ______

7. 朗读课文。

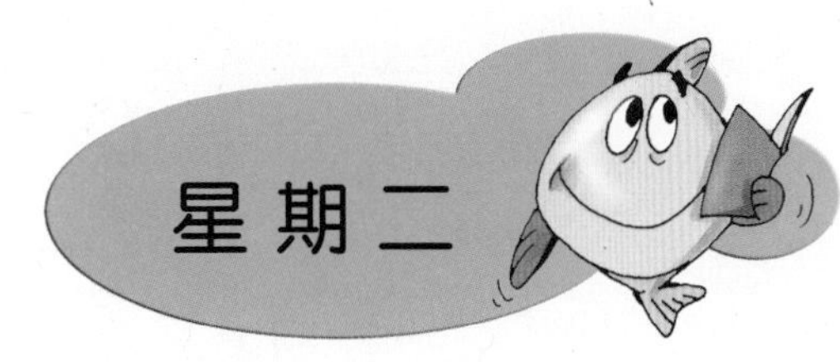

1. 写一写：

笨						
诚						
糟						
糕						
相						
撤						
职						
嗯						
派						

2. 查字典填空：

(1) "笨"的音序(xù)是＿＿＿，读音是＿＿＿，意思是＿＿＿＿＿。

(2) "纺"的音序(xù)是＿＿＿，读音是＿＿＿，意思是＿＿＿＿＿。

(3) "糟"的音序(xù)是＿＿＿，读音是＿＿＿，意思是＿＿＿＿＿。

(4) “假”的音序(xù)是____，读音是____，意思是________。

(5) “羽”的音序(xù)是____，读音是____，意思是________。

(6) “诚”的音序(xù)是____，读音是____，意思是________。

3. 照例(lì)子用“凡是”改写句子：

例(lì)：二班的同学都要去开会。

凡是二班的同学都要去开会。

(1) 愚笨的人看不到这种布。

____

(2) 到过的地方，我都拍了照。

____

(3) 这个学校的学生都要穿校服。

____

(4) 看过这部电影的人都说这部电影好看。

____

(5) 中国古代的历史文化我都想了解。

____

(6) 那个骗子说过的话我都不相信。

____

4. 读句子，写出画线词(cí)语的反义词(cí)：

(1) 他们帮皇帝脱下衣服。 (　　)

(2) 凡是愚笨的人都看不见。 (　　)

(3) 这衣服轻得像羽毛，薄得像真丝。 (　　)(　　)

(4) 只有他才讲了真话。 (　　)

(5) 我们能织出一种特别好看的布。 (　　)

5. 标出下列(liè)句子的先后顺序(xù)：

( ) 第二天皇帝派了一个诚实的大臣(chén)去看。

( ) 一天，两个骗子来见皇帝，说他们能织一种特殊的布，凡是愚笨的人就看不见这种布。

( ) 大臣(chén)左看右看，没看见什么布。

( ) 皇帝听了很高兴，赏给他们很多钱，让他们马上织布。

( ) 于是，他回去对皇帝说："皇上，我从没见过那么漂亮的布，您一定会喜欢的。"

( ) 他想，糟糕！要是我说出真相，皇帝一定会认为我愚笨，撤了我的职。

6. 照例(lì)子改正错误的词(cí)语：

例(lì)：他说的话<u>自相盾矛</u>。 (自相矛盾)

(1) 皇帝听了信以为假。 ( )

(2) 骗子作模装样地帮他穿上衣服。 ( )

(3) 我们是道远而来的纺织工。 ( )

(4) 那个刻剑求舟的人最后没有找到自己的剑。 ( )

(5) 他在做这件事之前已经竹有成胸了。 ( )

7. 造句：

(1) 凡是……都…… ____________________

(2) 更加 ____________________

(3) 只有……才…… ____________________

(4) 一定 ____________________

(5) 纷纷 ____________________

(6) 拼命 ____________________

1. 写一写：

相
撤
职
嗯
假
羽
薄
呆

2. 读课文，填空：

(1) 皇帝想：这倒不错，我____________________。
于是，皇帝______________，让他们______________。
他们一直织到深夜，可是____________________。

(2) 这时，皇帝______________，说："啊！真妙！这衣服___

_________，____________！"大臣(chén)们也都称赞："多么___

___，多么________！"

(3) 第二天，皇帝穿上这件"衣服"上街去，大人们_________

_______："_____________________！"皇帝听了_______

_____。忽然，一个孩子大声喊道："皇上！您_________

______，______________！"街上的人________________。

3. 照例(lì)子用"难道"改写句子：

例(lì)：我不能让时间白白浪费掉。

难道我能让时间白白浪费掉吗？

(1) 我不是愚笨的人。

____

(2) 你应该知道吸烟对身体有害。

____

(3) 我一定会帮你的。

____

(4) 你是我的好朋友，我不会骗你的。

____

(5) 如果我救了它，它不会咬我的。

____

(6) 现在是夏天，不会下雪的。

____

cí

4. 找出不同类的词，写在（　）里：

(1) 衣服　帽子　鞋子　骗子　（　　）

(2) 医生　羽毛　裁缝　农夫　（　　）

(3) 聪明　愚笨　纺织　诚实　（　　）

(4) 深夜　晚上　早上　糟糕　（　　）

(5) 漂亮　特殊　好看　美丽　（　　）

(6) 一种　一个　一批　一直　（　　）

5. 改病句：

(1) 他的裁缝新式样的衣服再也做不出了。

____

(2) 他左看右看，布没看见什么。

____

(3) 我没从来见过那么漂亮的布。

____

(4) 我们能织布特别好看的。

____

(5) 这衣服像羽毛轻得，像微风薄得。

____

(6) 他再也为穿衣服的事不着急了。

____

6. 阅读短文，把故事讲给爸爸妈妈听：

从前有个国王，头上长了一对山羊耳朵。凡是给他理过发的人都被他杀了。

这天，又轮到一个理发师给国王理发，理发师就派他的徒弟去了。理完发，国王问："你在我头上看到什么有趣的东西吗?"徒弟回答说："国王，我什么也没看到!"国王听了很高兴，立即赏给他很多钱，并任命他做自己的理发师。就这样，很长一段时间，由徒弟给国王理发，他对国王长着山羊耳朵的事，一直守口如瓶。可是因为要保守秘密，徒弟总是担惊受怕，最后病倒了。师父一边请人给他治病，一边陪着他说话。徒弟对师父说："我心里藏着一个秘密，又不敢说出来。可只有说一说，心里才会轻松啊!"师父对他说："要是对我不放心，你就去对地里的泥土说吧。"徒弟立刻跑到城外，在一片空地上挖了一个洞，低下头，对着洞大声说："国王长着山羊耳朵！国王长着山羊耳朵!"说完后，他就回家去了。

lú wěi

过了些日子，洞里长出一棵芦苇，不久就生出了三片叶子。徒弟摘下一片叶子，轻轻一吹，不料叶子就唱起来："国王长着山羊耳朵!"

不久，全国的老百姓都知道了这件事，最后国王也知道了，他很生气，马上派人把徒弟抓了起来，要把徒弟杀掉。徒弟急忙说："我没对任何人讲过这个秘密。"又把经过的情形一五一十地说了出来。国王不信，徒弟就带他到城外去看，并摘下一片叶子，吹给国王听。

国王听了，这才明白：天下没有什么事能骗得了人的。他于是放了这个徒弟，而且从此以后专心治理国家，再也不怕别人说他的山羊耳朵了。

suō

7. 把第6题的短文缩写成100字左右的一段话：

1. 写一写：

假

羽

薄

呆

皇

裁

纺

殊

2. 连词成句（cí）：

(1) 我　聪明　愚笨　谁　了　可以　谁　分出

____

(2) 他　事　衣服　操心　再也　为　穿　不　的　了

____

(3) 这种　衣服　布　用　的　一定　做　好看　很

____

(4) 看不见　人　的　都　愚笨　凡是

____

(5) 这　羽毛　轻得　衣服　像

____

(6) 讲了　他　才　只有　真话

____

3. 照例（lì）子用“不能不”或“不会不”改写句子：

例（lì）：你一定要去。（不能不）

你不能不去。

(1) 你一定要告诉我这件事。（不能不）

____

(2) 他一定知道考试提前了。（不会不）

____

(3) 你一定要带他去公园。（不能不）

____

(4) 我们是好朋友，我一定要帮你。（不会不）

____

(5) 他生病了，我一定要去医院看他。（不能不）

____

(6) 晚会很精彩，我一定要去看。（不会不）

____

4. 连一连，写一写：

迫不	成竹	______
鼻青	待兔	______
装模	矛盾	______
掩耳	及待	迫不及待
自相	脸肿	______
守株(zhū)	作样	______
胸有	盗铃	______

5. 读课文，回答问题：

(1) 皇上为什么要那两个骗子马上去织布？

____

____

(2) 那个最诚实的大臣(chén)看了骗子织的布之后，心里面想了什么？

____

____

(3) 皇上为什么看不见布，却要拼命想象他的“新衣”很漂亮？

____

____

(4) 皇上听到一个孩子大声说什么，为什么他听了之后呆住了？

____

____

(5) 皇上听了那个孩子的话之后，就变得怎么样了？

____

____

(6) 你觉得诚实重要吗？如果有人对你撒谎你会怎么样？

____

____

6. 猜一猜：

(1) 左边一个“歹”，右边一个“朱”。（猜本课学过的一个字）______

(2) 左边一个“米”，右边一个“曹”。（猜本课学过的一个字）______

(3) 左边一个“木”，右边一个“目”。（猜本课学过的一个字）______

(4) 上面一个“白”，下面一个“王”。（猜本课学过的一个字）______

(5) 上面一个“口”，下面一个“木”。（猜本课学过的一个字）______

(6) 两个“习”字站一起。（猜本课学过的一个字）______

7. 把课文讲给爸爸妈妈听，让他们评评分：

评 分	家长签名

1. 比一比，再组词(cí)语：

本______	撤______	职______
笨______	撒______	取______
糕______	派______	薄______
精______	旅______	博______

2. 用音序(xù)法查字典，填空：

(1)“皇”的音序(xù)是____，音节是____，读音是____，意思是________。

(2)“呆”的音序(xù)是____，音节是____，读音是____，意思是________。

(3)“撤”的音序(xù)是____，音节是____，读音是____，意思是________。

(4)“殊”的音序(xù)是____，音节是____，读音是____，意思是________。

(5)“薄”的音序(xù)是____，音节是____，读音是____，意思是________。

(6)“裁”的音序(xù)是____，音节是____，读音是____，意思是________。

3. 改错别字：

(1) 他的栽缝为他做了很多新衣服。 (　　)(　　)

(2) 糟羔，我怎么忘了今天要考试呢？ (　　)(　　)

(3) 皇上知道了一定会撒了我的织。 (　　)(　　)

(4) 这衣服簿得像真丝！ (　　)(　　)

(5) 我怎么没看见布呢？难道是我愚笨吗？ (　　)(　　)

(6) 皇上听了呆住了，其他人都哈哈大笑起来。

(　　)(　　)(　　)

4. 用本课学过的词(cí)语填空：

纺织　特殊　糟糕　诚实　难道　拼命

(1) ______！我的钱包不见了。

(2) 他______地工作，每天晚上十二点才休息。

(3) 这件衣服是用一种______的布料做成的，穿着特别暖和。

(4) 他经常撒谎，一点儿也不______。

(5) 她是一个______工人，每天在工厂里织布。

(6) ______你还不明白他的意思吗？

5. 照例(lì)子用"凡是……都……"完成句子：

例(lì)：凡是愚笨的人都看不见。

(1) 凡是去过上海的人______________________。

(2) ______________________都不相信他说过的话。

(3) 凡是这家超市卖的东西______________________。

(4) ______________________都哈哈大笑起来。

(5) 凡是参加比赛的同学______________________。

(6) ______________________都觉得那里的菜很好吃。

6. 阅读短文，回答问题：

从前，有一位国王病得很厉害，全国的医生都治不好他的病。最后他请来了一位著名的外国医生。外国医生看了国王的病情，说：“皇上，只有一样东西能够救你！”国王急忙问是什么东西。外国医生说：“只要找到一件快乐的人的衣服穿在身上，你的病就会好了。”

国王立即派了两个大臣(chén)去找快乐的人。大臣(chén)们先去问城里最有钱的人。有钱人说：“快乐？我每天都在担心我的财物会不会被偷，哪有什么快乐？”

两个大臣(chén)又去问一个大官。大官说：“唉(ài)！我整天怕被撤职，又担心老百姓会造反，你们想，我能快乐吗？”

两个大臣(chén)很为难，忽然看见路旁有个要饭的正在树下煮饭吃，还得意地唱着歌呢！大臣(chén)们立即上前问他：“你饭都吃不饱，但看上去很快乐，是吗？”要饭的说：“当然，我很快乐！”

两个大臣(chén)非常高兴，异口同声地说：“我们出高价买你的衣服怎么样？”要饭的一阵大笑：“对不起，先生们，我可是连一件衣服也没有啊！”

(1) 什么东西可以治好国王的病？

____

____

(2) 最有钱的人为什么不快乐？

____

____

(3) 那个大官为什么不快乐？

______

______

(4) 两个大臣(chén)发现的那个很快乐的人是个什么人？

______

______

(5) 两位大臣(chén)买到衣服了吗，为什么？

______

______

(6) 你觉得国王怎么样才能快乐？为什么？

______

______

7. 把下面的对话补充完整：

医生：______

病人：肚子疼。

医生：你今天吃了什么？

病人：______

医生：烂(làn)苹果？好，把你的眼睛闭上，我帮你点眼药水。

病人：______

医生：我治你的眼睛，是为了今后你能看清楚自己吃的东西。

7. 桂(guì)林山水

1. 写一写:

誉
俗
当
底
染
纹
移

2. 比一比，再组词(cí)语：

乘______ 剩______ 杂______ 染______ 多______ 移______

文______ 纹______ 秀______ 透______ 静______ 净______

3. 读课文，填空：

(1) 漓(lí)江的水真___啊，静得让你______________；漓(lí)江的水真___啊，清得______________；漓(lí)江的水真___啊，绿得______________一样。

(2) 桂(guì)林的山真___啊，一座座__________，各不相连，像______，像______，像______，像______，形态万千，令人____________；桂(guì)林的山真____啊，像____________，像__________，诗情画意，令人__________；桂(guì)林的山真___啊，像______，像______，__________，令人__________。

4. 选词(cí)语填空：

条　幅　座　首　个　道　棵　只　位

一______水纹　　三______船　　两______老人

四______山峰　　五______诗　　两______树

六______画卷　　七______岩洞　　八______飞鸟

乘　染　移　削　砍

云云正在用一把小刀______笔呢。

我们______着船在江上走着，看到岸慢慢地向后______。

他们正在用斧(fǔ)头______着树，这是不对的。

江水真绿啊，绿得像______过一样。

5. 造句：

(1) 迫不及待 ______________________

(2) 感觉 ______________________

(3) 到达 ______________________

(4) 无比 ______________________

(5) 当天 ______________________

6. 照例(lì)子填空：

江水	清	得	可以看见江底的沙石。
云云的书			像刚买回来的。
妹妹的衣服	干净		

7. 把下面的对话写完整：

方方：______________________？

云云：我没去北京，但我去了桂(guì)林。

方方：______________________？

云云：那儿的水可清了，清得可以看见江底的沙石。______

__________。

方方：我可不喜欢游泳，但我__________。

云云：原来你喜欢爬山啊。那桂(guì)林也有很多山。

方方：________________?

云云：那里的山又好看又奇特，有的像老人，有的像大象，还有的像骆驼(luò tuo)……

方方：哎，你别说了。你说得我都想立刻去桂(guì)林看看。你照了相没有？

云云：__________。你也想观赏一下桂(guì)林的山水吗？

方方：对啊！把照片都拿给我看看吧，让我也__________。

1. 写一写：

底						
染						
纹						
移						
浮						
联						
削						
砍						
抱						

2. 选词语填空：

(1) 走进儿童乐园，我___像是走进了一个神话世界。

A. 感受　B. 干净　C. 感冒　D. 感到

(2) 漓江的水真静啊，静得让你感觉不到它在___。

A. 流动　B. 运动　C. 流行　D. 流传

(3) 这草地真绿啊，绿得像用绿色___过的一样。

A. 洗　B. 染　C. 冲　D. 刷

(4) 我们___桂林的当天，就迫不及待地乘船去观赏桂林的山水。

A. 达来　B. 达到　C. 到达　D. 到来

(5) 有的像人，有的像树，还有的像飞鸟……___童话世界一样奇妙无比。

A. 如同　B. 比如　C. 如果　D. 假如

(6) 一座座青山___在江中。

A. 映衬　B. 倒映　C. 倒进　D. 反射

3. 改错别字：

(1) 在中国广西壮族自治区，有一坐美丽的城市——桂林。

(　　)(　　)

(2) 桂林的山各不相连，像老人，像巨像，像骆驼，形态万千。

(　　)(　　)

(3) 岩洞里的钟乳石在各种彩色灯光的映衬下，如童话世界，奇妙无比，令人流连忘反。

(　　)(　　)

(4) 那些石头像树，像飞鸟，像孟兽，千奇百怪，令人浮想翩。

(　　)(　　)

(5) 桂林的山有的如刀肖，有的像斧砍，鬼斧神工，令人惊叹。

( )( )

4. 照例子查字典，填空：

要查的字	查什么部首	部首几画	余下几画
匀	勹	2 画	2 画
削			
衬			
猛			
岩			
连			
卷			

5. 造句：

(1) 乘______

(2) 感觉______

(3) 赞不绝口______

(4) 到达______

(5) 只有……才……______

6. 连词成句：

(1) 可以　得　看见　清　江水　江底的　沙石

______

(2) 没见过　这样的　我　却　山　从来

____

(3) 城市　中国　美丽的　广西　一座　有

____

(4) 迫不及待地　那里的　我们　乘船　观赏　去　山水

____

(5) 在　它　静静的　流动　让　江水　你　感觉不到

____

7. 读一读，猜一猜：

它生活在沙漠(mò)里，身体很高，脖子很长，能望到很远的地方。沙漠(mò)里有水的地方很少，它的鼻子很灵，能帮助人们找到水。沙漠(mò)宽广无比，旅行的人很难认路，它却能在沙漠(mò)里给人带路。沙漠(mò)里的大风是很可怕的，刮起来的沙子有时能把人和别的东西埋起来，而它却非常熟悉沙漠(mò)气候。快刮风的时候，它就低下身子，让旅行的人做好准备。它走得不是很快，但能运很多东西。它还特别能忍受饥(jī)渴，几天几夜不吃不喝也能照常工作。它被誉为"沙漠(mò)里的船"，是人们的好朋友。

它是____________。

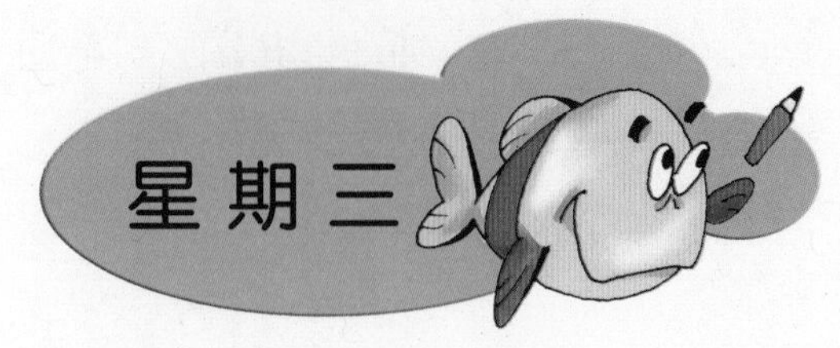

1. 写一写:

浮

联

削

砍

岩

猛

衬

抱

卷

2. 比一比，再组词(cí)语：

削________　砍________　衬________
消________　欢________　村________

抱________　岩________　猛________
跑________　岸________　猪________

3. 读课文，填空：

(1) 桂(guì)林山秀、洞奇、水美，真是________，______天下。我们到达桂(guì)林的当天，就________地______去______桂(guì)林的山水。

(2) 我______大海，也______西湖，________漓(lí)江这样的水。

(3) 我______泰(tài)山，也______黄山，________桂(guì)林这样的山。

(4) 洞中的钟乳(rǔ)石有的______，有的______，还有的______，________……在各种______灯光的______下，如同________，______无比，令人________。

(5) 这样的水______着这样的山，这样的山______着这样的洞，再加上空中______迷蒙，江上小船悠悠(yōu yōu)，山间绿树红花，让你感到像是走进了________________。

4. 选词(cí)语填空：

为实　拔地　浮想　诗情　绝口　不已　忘返

(1) 洞中的石头有的像人，有的像树，还有的像飞鸟，像猛兽……形态万千，令人______联翩(piān)，惊叹______。

(2) 这么美丽的风景真让人依依不舍，流连______。

(3) 你看，一座座高楼______而起，变化多大啊！

(4) 俗话说，眼见______。你光听我说，不如你亲自去看看吧。

(5) 空中云雾迷蒙，江上小船悠悠(yōuyōu)，山间绿树红花，一切都充满了______画意。令人赞不______。

5. 造句：

(1) 如同 ________________________________

(2) 让 ________________________________

(3) 各种 ________________________________

(4) 流连忘返 ________________________________

6. 照例(lì)子完成句子：

(1) 例(lì)：洞中的石头有的像人，有的像树，还有的像飞鸟。

一座座山拔地而起，有的像老人，有的像巨象，还有的像骆驼(luò tuo)。

天上的云千变万化，有的像______，有的像______，还有的像______。

公园里有各种各样的花，有的红得像______，有的______得像______，还有的______得像______。

(2) 例：我看过大海，也游过西湖，却从没见过漓(lí)江这样的水。

我登过泰(tài)山，也爬过黄山，却从没见过桂(guì)林这样的山。

我＿＿＿＿＿＿，也＿＿＿＿＿＿，＿＿＿＿＿＿＿＿＿＿。

我＿＿＿＿＿＿，也＿＿＿＿＿＿，＿＿＿＿＿＿＿＿＿＿。

6. 把课文讲给爸爸妈妈听，让他们评评分：

评　分	家长签名

1. 写一写：

岩 猛 衬 抱 卷

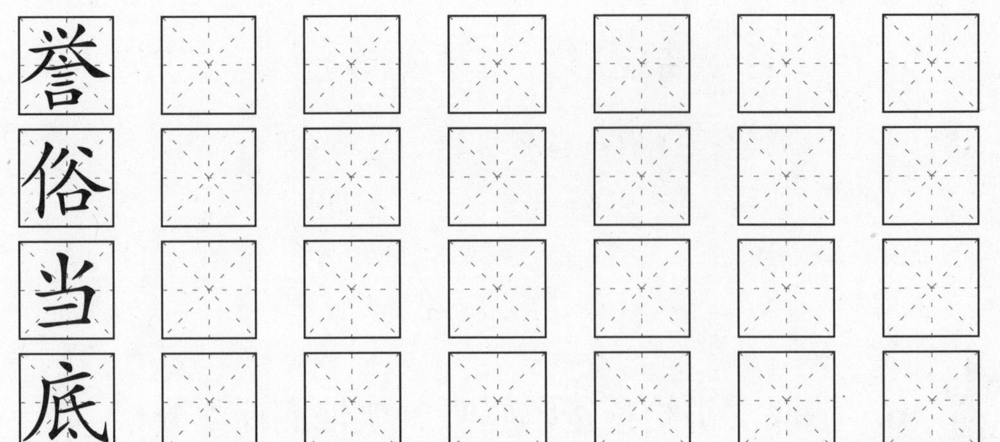

2. 先组词（cí）语，再造句：

例（lì）：海（大海）我今年夏天去看大海。

猛（　　）

衬（　　）

返（　　）

联（　　）

卷（　　）

抱（　　）

3. 改病句：

(1) 你的办法我赞成完全。

(2) 看着那幅山水画，我想那儿大概肯定是个美丽的地方。

(3) 我正要已经写作业，亮亮来叫我去跟他踢足球。

(4) 只有船后的一道道水纹，就你感觉到船在前进，岸在后移。

4. 选词语填空：

(1) 愿望　愿意

他说他不______去那家公司上班。

他的______终于实现了。

(2) 友好　友谊　朋友

但愿我们的______地久天长。

他是我最好的______。

郑和下西洋，开始了中国人民和非洲人民的______往来。

(3) 保重　保存　保护　保持

我们应该______野生动物，因为他们是人类的好朋友。

图书馆内要______安静。

那些邮票能______到现在很不容易。

你一定要______身体呀！

5. 标出下列句子的先后顺序：

(　　) 风停了，雨住了，太阳又出来了，照亮了大地。

(　　) 风越刮越大，接着响起了雷声。

(　　) 一阵雷声过后，下起雨来。

(　　) 天色忽然暗了下来，刮起了大风。

6. 照例子写句子：

例：漓江的水真静啊，静得让你感觉不到它在流动；

漓江的水真清啊，清得可以看见江底的沙石；

漓江的水真绿啊，绿得像染过一样。

(1) 我们的学校真＿＿啊，＿＿得＿＿＿＿＿＿＿＿＿＿；

我们的学校真＿＿啊，＿＿得＿＿＿＿＿＿＿＿＿＿；

我们的学校真＿＿啊，＿＿得＿＿＿＿＿＿＿＿＿＿。

(2) 中秋的月亮真＿＿啊，＿＿得＿＿＿＿＿＿＿＿＿＿；

中秋的月亮真＿＿啊，＿＿得＿＿＿＿＿＿＿＿＿＿。

(3) 树林里的小鸟真＿＿啊，＿＿得＿＿＿＿＿＿＿＿＿＿；

树林里小鸟的叫声真＿＿啊，＿＿得＿＿＿＿＿＿＿＿＿＿。

7. 阅读下面的笑话，把它讲给爸爸妈妈听：

从前有个富人，父亲给他一屋子书，可他从来不看。

一天，一个乡村教师向他借《老子》。他生气地说："我的老子早就去世了，再说，老子怎么能借呢？"那个教师知道他误会了，但没有办法，又问："那么，能不能把《孙子》借给我呢？"那个富人哈哈大笑起来："我儿子才七岁，哪里来的孙子呢？"

1. 读拼音，写词语(cí)：

yìngchèn ＿＿＿＿　guānshǎng ＿＿＿＿　dàodá ＿＿＿＿

yǎnjiànwéishí ＿＿＿＿　pòbùjídài ＿＿＿＿　zànbùjuékǒu ＿＿＿＿

liúliánwàngfǎn ＿＿＿＿　shānshuǐ jiǎ tiānxià ＿＿＿＿

2. 选字填空：

(1) 农夫看见蛇可_____（联、连、怜）的样子，就_____（联、连、怜）忙把它放进自己的怀里。

(2) 那一座座山像老人、像奔马，形态万千，令人浮想_____（联、连、怜）翩(piān)。

(3) 桂(guì)林的山水全国_____（闻、纹）名。

(4) 船后出现了一道道水_____（闻、纹）。

(5) 那洞中的石头在各种_____（采、彩）色灯泡的映衬下，如同童话世界，奇妙无比，令人流连忘_____（反、返）。

(6) 医生给我_____（检、险、脸）查了一下身体，说我只是感冒了。

(7) 桂(guì)林的山真_____（检、险、脸）啊，像刀削，像斧砍，令人惊叹不已。

(8) 到达桂(guì)林的当晚，我们一家就迫不及待地乘船去观_____（常、赏）桂林的山水。

3. 按要求查字典，填空：

查带点的字	音序(xù)查字法		部首查字法		取何种解释
	音序(xù)	音节	部首	余下几笔	
瞧了我一眼（瞧）	Q	qiáo	目	12 画	看
岸在后移（移）					
流连忘返（返）					
映衬（衬）					
冠军（冠）					
如同童话世界（如）					

4. 用（ ）里的词(cí)语完成句子：

(1) 我看过大海，______________________________。（也）

(2) A：中秋的月亮圆吗？

B：______________________________。（像……一样）

(3) A：我们怎样才能学好汉语？

B：______________________________。（只有……才）

(4) A：听说你到过北京，那你什么时候去的长城？

B：______________________________。（当天）

(5) A：坐飞机舒服吗？

B：______________________________。（感觉）

5. 把下面的句子扩(kuò)写成一段 100 字左右的话：

我家后面有一座又高又大的山。山上有数不清的绿树、各种颜色的花朵，还有许多小鸟在树林里唱歌。小鸟的歌声好听极了。

____

____

____

____

____

____

____

6. 阅读短文，判断句子，对的打“√”，错的打“×”：

桂(guì)林的山水为什么这样美呢？

据说，秦(qín)始皇有一根赶山鞭(biān)可以把山赶走。有一次，他做了一个梦(mèng)，梦(mèng)中与南海龙王打仗，打输了。秦(qín)始皇醒来之后很生气，就用赶山鞭(biān)把南岭(lǐng)一带的山赶去填海。南海龙王知道后很害怕，到处托人想办法，让秦(qín)始皇不要填海。

这时，有一个漂亮的女子想出了一个妙计，她让龙王装成农夫，把自己献给秦(qín)始皇。秦(qín)始皇得到了美女，十分喜欢，就在桂(guì)林摆酒庆贺。

在酒会上，秦(qín)始皇在这位美女面前用赶山鞭(biān)把山赶来赶去。这位机灵的美女就借此机会，要求秦(qín)始皇把鞭(biān)子交给自己玩玩儿。

当这个女子拿到鞭(biān)子后，就立刻回南海去了。没有了赶山鞭(biān)，秦(qín)始皇无法把山赶走，所以，这些山就留在桂(guì)林了。

这些山被赶来赶去，已经互不相连，山上也光光的，什么草都没有。那位女子看到这种情况，心里很难过。于是，她借了巨神的大斧(fǔ)子，砍砍削削，把这些山雕得形态各异，令人赞叹。她又请来龙王，把桂(guì)林的江水变清。这样一来，桂(guì)林的山水就美丽无比，名冠天下了。

(1) 秦(qín)始皇有一次与南海龙王打仗，打输了。 (　　)

(2) 秦(qín)始皇在桂(guì)林摆酒庆贺，还在那位美女面前用赶山鞭(biān)把山赶来赶去。 (　　)

(3) 那位女子把山赶到桂(guì)林后就不管了。 (　)

(4) 巨神用大斧(fǔ)子，砍砍削削，把桂(guì)林那里的山雕得形态各异，令人赞叹。 (　)

7. 读一读，猜一猜：

眼前的“风景”真美啊！有山有水，那山雄伟壮观。山下有一条大江，却看不到江水流动，也听不到流水声。江岸上长满了高高低低的野草，十分可爱。一阵风吹来，可是草一动也不动。近处有一棵大树，树上有一只鸟。这只鸟老是站在树上，我用手去拍，可它仿佛一点儿也不害怕，一动不动地站在树枝上，也不飞走。

这是什么“风景”？

____

9. 古诗二首

1. 写一写：

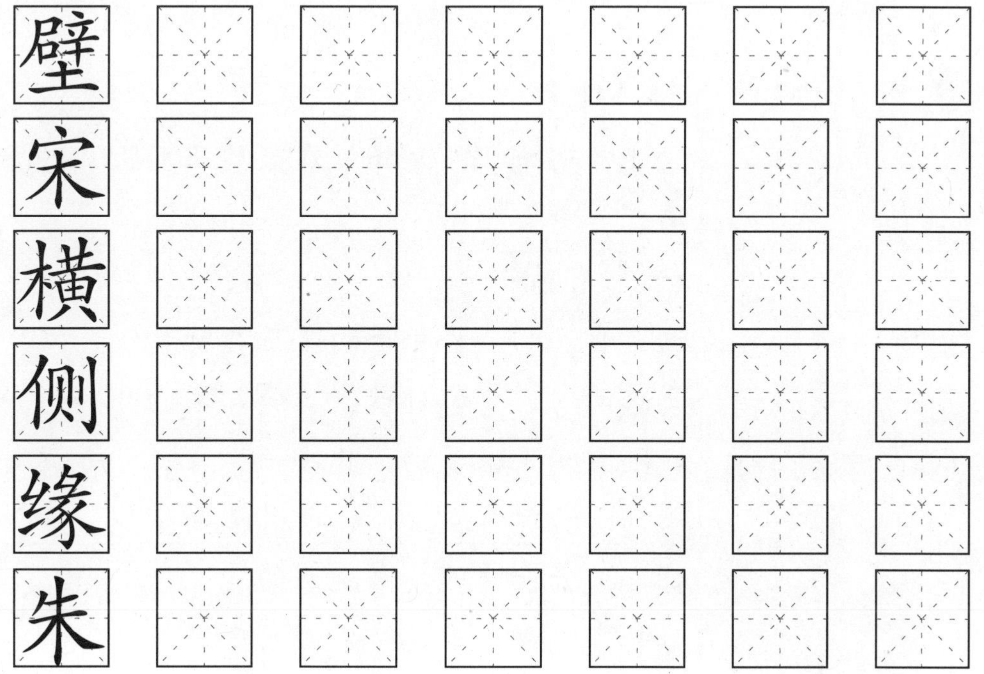

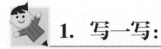

2. 照例(lì)子写一写：

例(lì)：川 + 页→顺　顺利

辟 + 土→___ ______　　木 + 黄→___ ______

宀 + 木→___ ______　　亻 + 则→___ ______

纟 + 象→___ ______　　土 + 唐→___ ______

3. 读课文，填空：

题西林壁

(宋)苏轼(shì)

____看成岭____成峰，

______________。

不识庐山__________，

______________。

观书有感

(宋)朱熹(xī)

半____方____一____开，

天光云影共________。

问____那得____如许，

______________。

4. 读拼音，写汉字：

(1) bì
- 它能灵巧地______开挂在黑屋子里的障碍物。
- 墙______上画了一条龙，生动形象。

(2) sòng
- 《观书有感》是一位______代诗人写的。
- 这是我______给爷爷的生日礼物。

(3) cè
- 马路两______都种着树，一片绿色。
- 我刚刚喝了很多水，想去一下______所。

(4) yuán
- 长江、黄河都发______于青藏高原。
- 你知道云云昨天没来上课的______由吗？

(5) mǔ
- 姑姑家里种了十几______西瓜。
- 长江被人们称为“______亲河”。

(6) táng {妹妹喜欢吃______，所以她现在长得有点儿胖。
我家门前有一个清清的水______。}

5. 在下列画线字的正确解释旁打“√”：

(liè)

(1) 《题西林壁》是一首宋诗。

A. 难题　B. 题目　C. 写　D. 问题

(2) 很难看到庐(lú)山的真面目。

A. 样子　B. 脸和眼睛　C. 脸和面　D. 眼睛和目

(3) 不识庐(lú)山真面目。

A. 知识　B. 知道　C. 相识　D. 见识

(4) 只缘身在此山中。

A. 边　B. 关系　C. 沿着　D. 因为

(5) 天光云影共徘徊。

A. 一共　B. 总共　C. 共有　D. 一起

(6) 为有源头活水来。

A. 为了　B. 因为　C. 作为　D. 称为

6. 先组词(cí)，再造句：

(1) 成（　　）______________________________

(2) 各（　　）______________________________

(3) 真（　　）______________________________

(4) 壁（　　）______________________________

7. 阅读短文，判断句子，对的打“√”，错的打“×”：

一天，德国作家歌德写完剧本，到公园去散步。他不知不觉走到一条窄窄(zhǎizhǎi)的小路上，路两边是又高又密的大树。

歌德正走着，迎面走来一个人。他仔细一看，来人是不久前在报上发表文章骂(mà)他的那个评论家。

小路只能走一个人，谁给谁让路呢？

评论家见歌德走过来，大声说：“我从来不给愚蠢的人让路！”说完，大步向前走来。

歌德见他这副不讲道理的样子，就大方地让到一边。等评论家走过时，歌德对评论家说：“我刚好相反，凡是遇到愚蠢的人，我就不得不给他们让路！”

评论家低着头往前走，原来那副看不起人的样子没有了。

(1) 一天，歌德去公园散步，遇到一位老朋友。 ( )

(2) 那位评论家对歌德很不礼貌(mào)。 ( )

(3) 歌德见那位评论家不讲道理，也不给他让路。 ( )

(4) 听了歌德的话，那个评论家非常高兴。 ( )

1. 写一写:

侧 缘 朱 亩 塘 鉴

2. 连一连，写一写:

辟	宀	亻	纟	氵	刖
则	原	土	木	木	象
___	___	___	宋	___	___

3. 比一比，再组词(cí)语：

避＿＿＿＿	厕＿＿＿＿	宋＿＿＿＿
壁＿＿＿＿	侧＿＿＿＿	朱＿＿＿＿
提＿＿＿＿	此＿＿＿＿	非＿＿＿＿
题＿＿＿＿	些＿＿＿＿	徘＿＿＿＿

4. 把下面的诗句、古诗的名字和作者连起来：

每逢佳节倍思亲	《题西林壁》	李白
只缘身在此山中	《清明》	张继
月落乌啼霜满天	《望庐(lú)山瀑(pù)布》	王维
疑是银河落九天	《九月九日忆山东兄弟》	杜牧
清明时节雨纷纷	《枫(fēng)桥夜泊》	苏轼(shì)

5. 照例(lì)子填空：

不知道庐(lú)山的真正样子	是因为	我们自己就在庐(lú)山山中。
龟兔赛跑中乌龟赢了		
小猫终于钓到了一条大鱼		

6. 阅读短文，判断句子，对的打“√”，错的打“×”：

傍晚，我和表哥开车前往悉尼(xī ní)大桥游览。从远处看，大桥像一个大衣架，横挂在悉尼(xī ní)城，真有意思。表哥指着大桥告诉我，1885米长的桥梁，海面上只有一个桥洞，桥洞宽503米，桥梁高出海面59米，它将悉尼(xī ní)南北两岸连成一体。汽车在大桥上慢慢地行驶着，我从车窗向外看去，桥上桥下人来人往。我数了一下，桥上有四条火车轨(guǐ)道、六条汽车道、两条自行车道和两条人行道。汽车、自行车、火车来来往往，桥下轮船往来不断。据说，大桥建成后，推动了悉尼(xī ní)的发展。它至今还是世界上最宽的大桥，曾创下世界桥梁日流量的最高纪录。

(1) 悉尼(xī ní)大桥的桥梁全长共1885米。 (　　)

(2) 大桥高出海面59米。 (　　)

(3) 桥上有四条汽车道和六条火车道。 (　　)

(4) 悉尼(xī ní)大桥至今还是世界上最宽的大桥。 (　　)

7. 把课文讲给爸爸妈妈听，让他们评评分：

评　分	家长签名

1. 写一写：

亩						
塘						
鉴						
徘						
徊						
渠						

2. 写出下面画线字的拼音：

(1) 横(　　)看成岭侧(　　)成峰，远近(　　)高低各不同。

(2) 不识(　　)庐(lú)山真面目，只缘(　　)身在此(　　)山中。

(3) 半亩(　　)方塘(　　)一鉴(　　)开，天光云影共徘(　　)徊(　　)。

(4) 问渠(　　)那得清如许，为(　　)有源头活水来。

3. 照例子写一写：

例：木＋黄→<u>横</u>→<u>横线</u>

是＋页→___→_____　　山＋夆→___→_____

氵+木→___→_____　　土＋唐→___→_____

景＋彡→___→_____　　亻＋非→___→_____

4. 选词语填空：

徘徊　问题　各自　认识　真正　因为

(1) 云云和方方_____写了一句话，然后给对方看。

(2) _____我们自己就在山中，所以看不到山全部的样子。

(3) 以前我还不太明白这首诗的意思，老师一讲我才_____明白了。

(4) 你有什么_____就来问我吧。

(5) 我刚到这个学校，很多同学我还不_____。

(6) 我们在湖边走来走去，_____了很久。

5. 用（　）里的词语完成句子：

(1) A：______________________________？（怎么）

B：因为有干净的水不断地流进来，所以湖水才这么清。

(2) A：______________________________？（怎么）

B：因为亮亮病了，所以他昨天没来上课。

(3) A：______________________________？（怎么）

B：因为我今天没认真听讲，所以不会写作业。

(4) A：我的书包是红色的，你的呢？

B：________________（跟……不同），我的是蓝色的。

(5) 湖水平静极了，________________（像……一样），可以照出人影来。

6. 把（ ）里的词(cí)语放到正确的位置上：

(1) 我们 A 遥望 B 秀丽 C 的庐(lú)山 D。（从远处）____

(2) A 明明和亮亮 B 吃 C 了一个 D 月饼。（各）____

(3) 我 A 还没 B 见 C 过庐(lú)山 D 样子。（真正的）____

(4) A 本子 B 上 C 写了一句 D 话。（只）____

(5) A 我、爸爸和 B 妈妈 C 去桂林 D 游玩。（一起）____

7. 读一读，猜一猜：

夏天，天气似火。云云和爷爷在家乘凉。爷爷看见云云热得直流汗，就对她说："我说一个谜(mí)语，你能猜出来吗？"云云高兴地说："爷爷，您说吧。"

爷爷念道："不是江流不是河，不是雨水落草间，冬天少来夏天多，日晒更多风吹干。"云云一听立刻便猜出了爷爷说的是什么，但她不说出来，也念道："不是雨水不是河，不是江流也有源，休息时无忙时多，它和勤劳紧相连。"爷爷一听，乐得合不上嘴，连连称赞云云聪明。

你能猜出他们说的是什么吗？

____

1. 写一写：

徘 徊 渠 壁 宋 横

2. 在下面加点字的正确读音旁画“√”：

(1) 题西林壁

A. pì　　B. pǐ　　C. bǐ　　D. bì

(2) 问渠那得清如许

A. qú　　B. jú　　C. qǔ　　D. xú

(3) 把桌子放在教室门内侧

A. chè　　B. cè　　C. sè　　D. shè

(4) 水**塘**平静得像一面镜子

A. dāng　　B. dáng　　C. táng　　D. tǎng

(5) 诗人在河边**徘徊**了许久

A. páihuái　　B. báihuí　　C. fēihuái　　D. fēihuí

3. 选字填空：

横看成岭侧成峰，远近高低各不_____（同、来、样）。
不知庐(lú)山真面目，只缘身在此山_____（间、中、里）。

半亩方塘一鉴_____（色、定、开），
天光云影共徘_____（走、徊、常）。
问渠那得清如许，为有源头活水_____（来、进、流）。

白日依山尽，黄河入海_____（中、流、里）。
欲穷千里目，更上一层_____（山、梯、楼）。

少小离家老大归，乡音无改鬓(bìn)毛_____（衰、掉、无）。
儿童相见不相识，笑问客从何处_____（去、来、到）。

4. 照例(lì)子填空：

有干净的水不断流进来，	湖水		不清	
看着中秋玉盘似(shì)的圆月，				
		怎能	知道山的真正样子	呢？
你没认真听课，				

5. 连词(cí)成句：

(1) 跟　那种　不同　布　布　这种

____

(2) 因为　山中　我们　这是　就　在

____

(3) 和　各　唱了　我　一首　哥哥　歌　中文

____

(4) 平静　一面　水塘　远处的　得　像　镜子

____

(5) 清　湖水　这么　为什么　能够

____

6. 标出下列(liè)句子的先后顺序：

(　) 另外两只身上的毛有点儿像老虎，可是肚子上是白的。

(　) 现在它们长大了，一会儿玩自己的尾巴，一会儿在花丛里窜来窜去。

(　) 我家的老猫生了三只小猫，一只身上是白的，头上和尾巴上有一点儿黑。

(　) 有时也互相追来追去，别提有多好玩了。

(　) 它们刚生下来时闭着眼睛，一天到晚除了吃奶就是睡觉。

7. 读一读，猜一猜：

各姓什么

比赛前，一位记者在体育馆见到了六位女运动员。当他问到这些姑娘的姓名时，她们一个个笑而不答，却出了 5 个谜(mí)

语，要记者猜她们姓什么。

一位篮球运动员指着两棵并排的树说：“我姓它。”一位跳高运动员把一根小木头放在一堆土旁，说：“我姓这个。”一位射箭运动员把手上的弓(gōng)使劲拉长，说道：“这就是我的姓。”一位围棋(qí)运动员捡起一些棋(qí)子放在一只器皿(mǐn)上，说：“这就是我的姓。”一位足球运动员取来一本《作文》，放在足球场的球门里，笑着说：“你猜得出我的姓吗?”记者想了好一会儿才说：“我知道了。”

这六位运动员到底姓什么？下面第二行是这六个运动员的姓，请把它们和运动员连起来。

篮球运动员　跳高运动员　射箭运动员　围棋运动员　足球运动员

闵(mǐn)　张　林　杜　孟(mèng)

1. 改错别字：

(1) 横看成岭侧成峰　　(　　)(　　)

(2) 远近高低个不同　　(　　)(　　)

(3) 半亩方唐一见开　　(　　)(　　)

(4) 天光云影共排回　　(　　)(　　)

(5) 问渠那得新如许　　(　　)(　　)

(6) 为有原头活水来　　(　　)(　　)

2. 组词(cí)语：

侧 ______ ______　　源 ______ ______　　共 ______ ______

此 ______ ______　　题 ______ ______　　如 ______ ______

3. 选字填空：

峰　缝　底　低　渠　架　徘　非

(1) 我____下头一看，地上有一块西瓜皮。

(2) 诗人在河边____徊了很久，才依依不舍地回家去。

(3) 远处的山____像一条巨龙伸向远方。

(4) 书____上放满了书。

(5) 我的衣服破了，妈妈帮我____衣服。

(6) 田地旁边有一道水____，里面还有小鱼呢。

(7) 江水清得可以看见江____的沙石。

(8) 老师夸我剪出的小动物图案____常生动形象。

4. 把下列(liè)的诗句写完整：

(1) 独在异乡为异客，________________。

(2) ________________，花落知多少。

(3) 月落乌啼霜满天，________________。

(4) 朝辞白帝彩云间，________________。

(5) 问渠那得清如许，________________。

(6) 不识庐(lú)山真面目，________________。

5. 照例(lì)子先组词(cí)语，再造句：

例(lì)：迅（迅速）现代科学技术发展得非常迅速。

(1) 题（　　）________________

(2) 近（　　）________________

(3) 源（　　）________________

(4) 侧（　　）________________

(5) 徊（　　）________________

6. 改病句：

(1) 诗人看从远处那座高高的山峰。

____

(2) 各他们吃了一块西瓜。

____

(3) 我们坐了一个天半火车。

____

(4) 这么清的湖水为什么能够?

____

(5) 我们就在山中，因为怎能我们知道这座山的真正样子?

____

7. 阅读短文，填空：

一天，张亮去公园玩。他在公园里走了半天，觉得有点累了，就想找个地方坐坐。可是，附近的椅子上都坐了人。这时，一个______眼镜的人从他左边走过来了。这个人向路旁边的一______椅子走______。张亮看______那把椅子上没有人坐。他想：我应该走在这个人前边。他很快______跑了几步，走到那个人的前边去了。戴眼镜______人看见张亮往椅子那儿走，就开始______。张亮回头一看，那个人正在跑，张亮也开始跑了______。戴眼镜的人在后边一边跑______叫："喂，你别……"张亮想："你叫什么？谁先跑过去，______先坐。"他很快地跑______椅子那儿，马上坐了______。那个人跑过去______张亮说："你忙什么？这椅子不能______。我是来放牌子______。"他说着，把一块牌子递______张亮。张亮站______看看那块牌子，牌子上写______："油漆(qī)未干。"

牌子：　　board

油漆(qī)未干：Wet Paint

yángzhèn
11. 杨振宁获奖

1. 写一写：

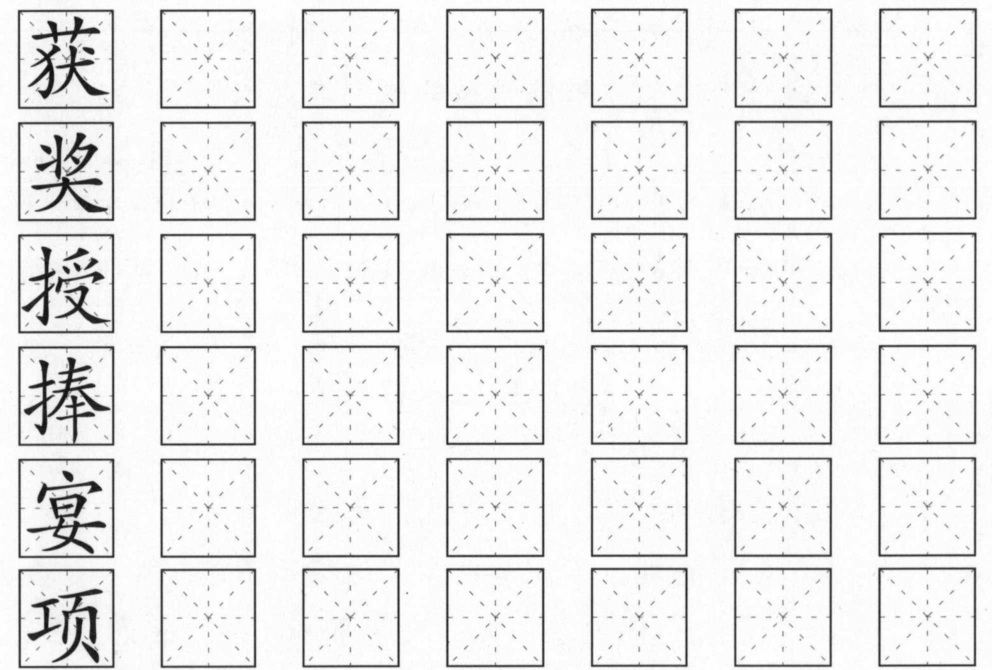

2. 读课文，填空：

(1) 1957年12月10日，在瑞(ruì)典首都斯(sī)德哥尔摩诺(nuò)贝尔奖__________上，__________的杨振(yángzhèn)宁夫妇，_______由瑞(ruì)典国王

和王后_____，在人们的__________中，步入________。

(2) 杨振宁(yáng zhèn)自少年时代起就________，________，成绩________。

3. 连一连，写一写：

努力　　钻研 ________

刻苦　　论证 ________

大胆　　思考 ________

反复　　设想 ________

严密　　学习 ________

4. 造句：

(1) 分别 ________________

(2) 从事 ________________

(3) 大胆 ________________

(4) 取得 ________________

(5) 欢迎 ________________

5. 连词(cì)成句：

(1) 少年　时代　起　他　就　学习　努力　自

____

(2) 他　研究生　成为　芝(zhī)加哥大学　物理系　的

____

(3) 许多　大学　名誉　教授　担任　的　中国　他

____

(4) 不愧　中华　民族　的　骄子　他　是

(5) 留在　研究　工作　和　教学　从事　他　美国

6. 用下面的情景写一段100字左右的话：

奶奶今年70岁了。她很关心我的学习。我的学习进步很快。

7. 朗读课文。

1. 写一写：

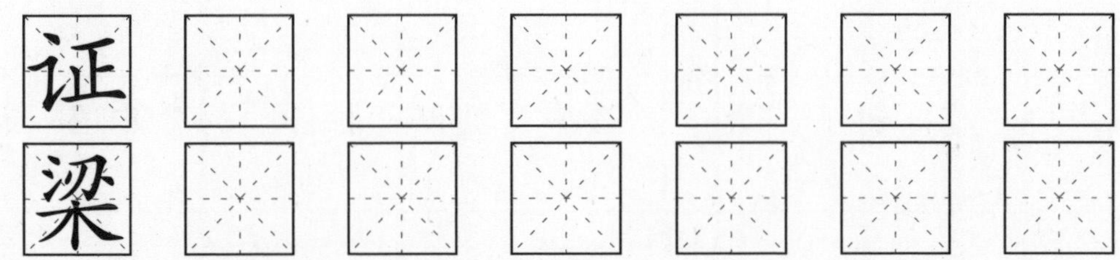

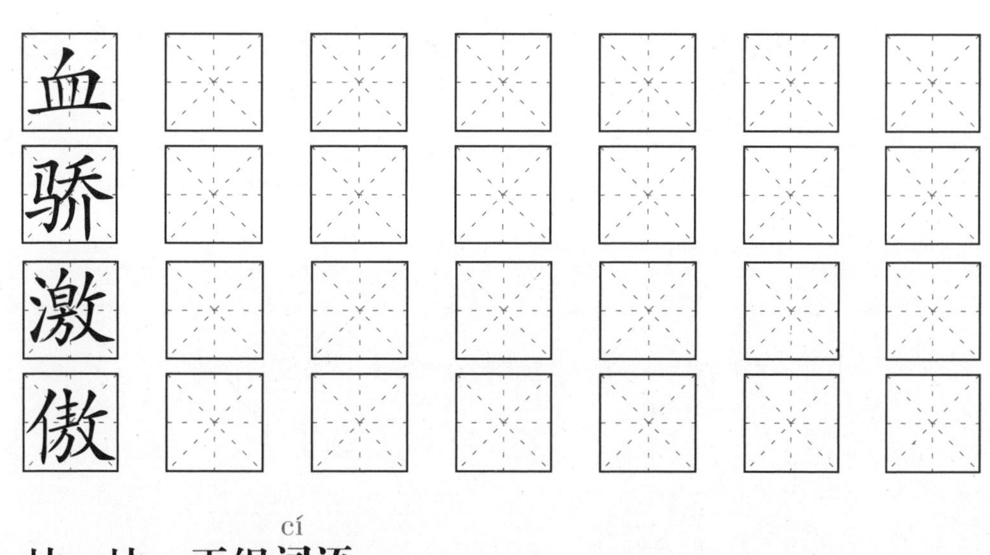

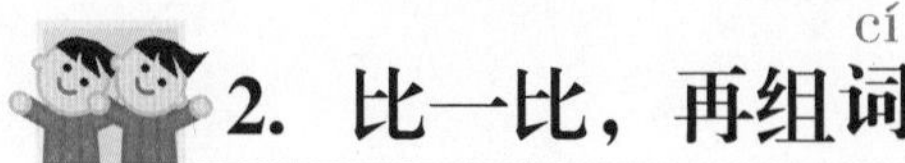

2. 比一比，再组词(cí)语：

奖 ________　　捧 ________　　血 ________
将 ________　　峰 ________　　白 ________

受 ________　　骄 ________　　密 ________
授 ________　　桥 ________　　秘 ________

3. 连一连，写一写：

分　　欢　　宴　　从　　合　　大　　取　　项

得　　会　　事　　作　　别　　迎　　胆　　目

______　______　______　______　______　______　______　______

4. 改病句：

(1) 他1948年获得博士学位，然后留在美国从事教学。

____

(2) 他担任长期全美华人协会会长，经常到中国讲学。

____

(3) 他出生广东省广州市。

____

(4) 他取得了一系列科学成就，并对中美友谊做了大量工作。

____

(5) 分别手捧鲜花的杨振宁夫妇，由瑞典国王和王后陪同步入宴会大厅。

____

(6) 他少年时代起自就努力学习，成绩优异。

____

5. 读课文，填空：

(1) 作为1901年诺贝尔奖______以来________________的中国人，杨振宁万分________。他深情地说："____________________而感到骄傲；同样，我为能______于作为人类文明一部分的源自西方的现代______而感到______。

(2) 他_______全美华人协会会长，经常_________，并担任中国许多著名大学的_________，多次____________________。他曾说："作为__________________________，我有______帮助这两个与我休戚相关的国家。"

6. 造句：

(1) 合作________________________________

(2) 刻苦________________________________

(3) 获得________________________________

(4) 骄傲________________________________

(5) 责任________________________________

(6) 担任________________________________

7. 把课文讲给爸爸妈妈听，让他们评评分：

评　分	家长签名

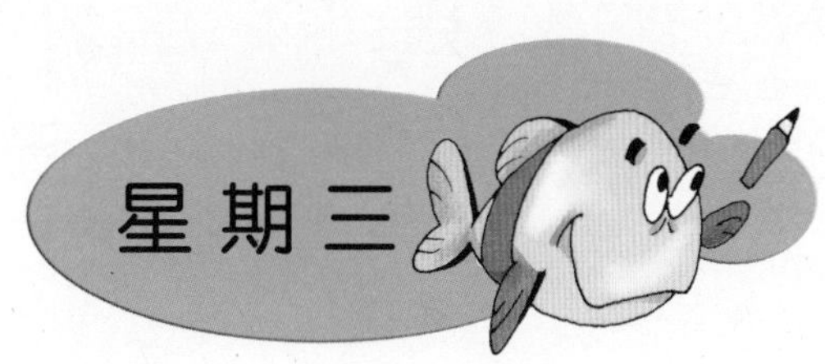

1. 写一写：

2. 选词(cí)语填空：

(1) 成就　成绩

方方这个学期的______很好。

科学家们在这方面取得了巨大的______。

(2) 接见　接待

杨振(yángzhèn)宁多次受到新中国领导人的______。

我去云云家，她热情地______了我。

(3) 友谊　友好

愿我们的______继续保持下去。

他为中美两国的______关系做出了贡献。

3. 连一连，写一写：

成	友	长	担	教	领	接
任	导	就	谊	见	授	期
____	____	____	____	____	____	____

4. 改错别字：

(1) 他为这两个国家建起一坐友谊和了解的桥梁。
( )( )

(2) 他为自己的血统和背景而感到骄傲。 ( )( )

(3) 爸爸至力于科学研究。 ( )

(4) 他 1948 年狄得博士学位。 ( )

(5) 他为中美友宜作了大量工作。 ( )( )

(6) 他担壬中国许多著名大学的名誉教受。 ( )( )

5. 造句：

(1) 友谊 ____________________

(2) 长期 ____________________

(3) 担任 ____________________

(4) 责任 ____________________

6. 阅读短文，判断句子，对的打“√”，错的打“×”：

有位老人，他有两个儿子。老大叫阿(ā)力，老二叫阿(ā)智。

兄弟俩长大了。老人想考考他们谁聪明，就从街上买回两把刀，对他们说：“今天我给你们每人一把刀，明天早上你们上山去割(gē)草，必须六点钟赶回来，看谁割(gē)的草多”。

第二天，兄弟俩就各自行动了。阿(ā)力想，要割(gē)得多，就要抓紧时间。天还没亮他就上山去了。到了山上，他拼命地割(gē)呀，割(gē)呀……不一会儿，刀就不锋(fēng)利了，再也割(gē)不动了，只好坐在地上。

阿(ā)智早上拿起刀一看，刀一点儿也不锋(fēng)利。于是他就赶紧到井边去磨刀。等把刀磨锋(fēng)利了，他来到山上。不久，阿(ā)智就割(gē)了两大堆(duī)草。他看看表，快六点了，就挑着草回家了。正巧，哥哥也到了家， 他只挑了一点点儿草。

老人见兄弟俩都回来了，走过去看看他们挑回来的草，说：“你们俩上山早、花力气大的是阿力；割(gē)草多的是阿(ā)智。为什么差别那么大？这是因为阿(ā)智磨了刀，这就叫‘磨刀不误砍柴(chái)工’啊！孩子们，今后做事时，不但要花力气，也要多动脑子呀！”

(1) 老人让两个儿子去山上割(gē)草，是为了看谁聪明。 (　　)

(2) 阿(ā)力天没亮就上山了，他割(gē)了很多草。 (　　)

(3) 阿(ā)智先去磨刀，很晚才上山，所以他割(gē)的草不太多。 (　　)

(4) 这个故事说明：我们做事情，不但要花力气，更要动脑子。 (　　)

7. 把第6题的短文缩(suō)写成一段80字左右的话：

1. 写一写：

戚

梁

获

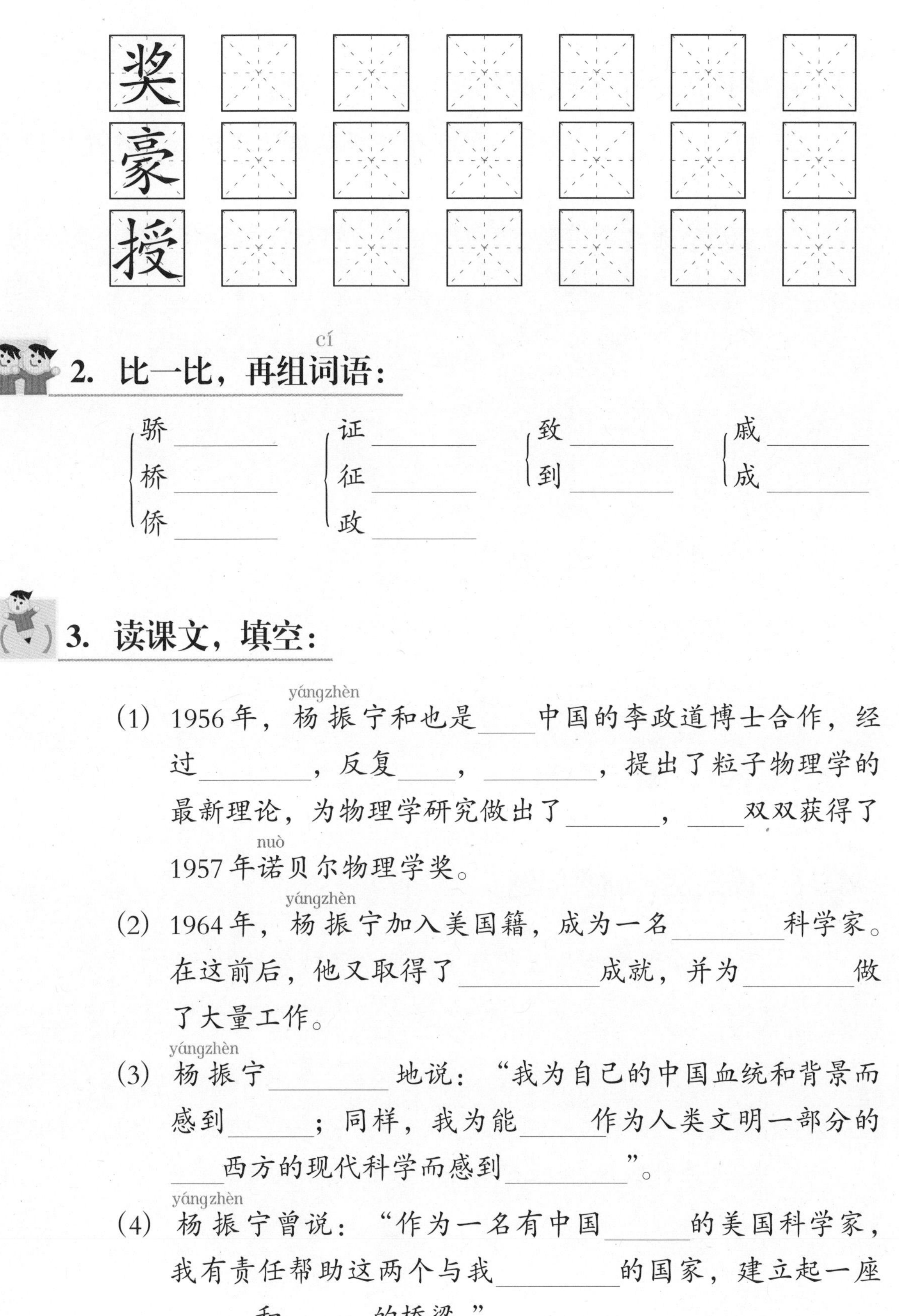

奖 □ □ □ □ □ □

豪 □ □ □ □ □ □

授 □ □ □ □ □ □

2. 比一比，再组词(cí)语：

骄 ________	证 ________	致 ________	戚 ________
桥 ________	征 ________	到 ________	成 ________
侨 ________	政 ________		

3. 读课文，填空：

(1) 1956 年，杨振(yángzhèn)宁和也是____中国的李政道博士合作，经过________，反复____，________，提出了粒子物理学的最新理论，为物理学研究做出了_______，____双双获得了 1957 年诺(nuò)贝尔物理学奖。

(2) 1964 年，杨振(yángzhèn)宁加入美国籍，成为一名________科学家。在这前后，他又取得了__________成就，并为________做了大量工作。

(3) 杨振(yángzhèn)宁_________地说："我为自己的中国血统和背景而感到______；同样，我为能______作为人类文明一部分的____西方的现代科学而感到_________"。

(4) 杨振(yángzhèn)宁曾说："作为一名有中国______的美国科学家，我有责任帮助这两个与我_________的国家，建立起一座______和______的桥梁。"

4. 用句后的词语完成句子：

(1) ________，我有责任帮助这两个国家，建起一座友谊的桥梁。（作为）

(2) 亮亮这个学期________，所以进步很大。（努力）

(3) 他是这样说的，________________。（也）

(4) 作为一名科学家，应________________。（致力于）

5. 造句：

(1) 接见________________

(2) 长期________________

(3) 了解________________

(4) 友谊________________

(5) 成就________________

(6) 分别________________

6. 读课文，回答问题：

(1) 杨振宁(yángzhèn)为什么获得了诺(nuò)贝尔物理学奖？

____

____

____

(2) 为什么说杨振宁(yángzhèn)为中美友谊做了大量工作？

____

____

____

1. 比一比，再组词(cí)语：

余______ 受______ 责______ 式______
途______ 授______ 贵______ 试______

2. 选字填空：

杨振(yáng zhèn)宁1922年出生于中国安徽(huī)省合肥(féi)市。他______（自 白）少年时代起就努力学习，______（克 刻）苦钻研，成绩优______（导 异）。1938年，他______（钢 刚）满16岁就考入西南______（连 联）合大学物理系，成为一名少年大学生。1946年，他______（流 留）学美国，成为芝(zhī)加哥大学物理系的研究生，1948年获得博______（土 士）学位，然后在美国从事教学和研究工作。

3. 标出下列句子的先后顺序(xù)：

（ ）为了培养自学能力，教师要每个同学独立阅读课外读物。
（ ）一天下午，教室里特别安静。
（ ）我默默坐在窗前，仔细地读着《爱迪(dí)生的故事》。
（ ）他创造发明了很多有益于人类的东西。
（ ）我的心情怎么也平静不下来。
（ ）看到了爱迪(dí)生不断学习，不断研究，成了一个大发明家时。

4. 连词成句：

(1) 成就　一系列　他　又　科学　取得　了

(2) 是　杰出　不愧　他　世界上　科学家　的

(3) 为　骄傲　血统　他　的　自己　感到　而　中国

(4) 他　为　中美　友谊　大量　做了　工作

5. 造句：

(1) 自豪

(2) 贡献

(3) 成为

(4) 杰出

(5) 激动

(6) 深情

6. 读一读，把下面的短文改写成对话：

一位画家正在给一个买画的人看一张白纸。画家说，在这张纸上可以看到一头牛正在吃草。买画的人看了半天也没看见。画家对他说，那头牛已经把草吃光了，如果还待(dāi)在那儿，那它不是笨蛋吗？

7. 阅读短文，判断句子，对的打“√”，错的打“×”：

童第周是中国著名的生物学家。他28岁时得到亲友资助，到比利时去留学，跟一位欧(ōu)洲很有名的生物学教授学习。和他一起学习的还有其他国家的学生，所以童第周暗下决心，一定要为中国人争气。

几年来，那位教授一直在做一项实验，把青蛙卵(wā luǎn)的外膜剥(mó bāo)掉。这是一项难度很大的手术，需要熟练的技术，还需要细心和耐心。同学们都不敢尝试，那位教授做了几年也没有成功。童第周不声不响地刻苦钻研，反复实践(jiàn)，终于做成功了。那位教授兴奋地说：“童第周真行！”这件事震(zhèn)动了欧(ōu)洲的生物学界。童第周激动地想：“一定要为中国人争气。只要努力，再多再难办的事，也难不倒中国人。”

(1) 童第周是中国著名的物理学家。 (　)

(2) 他28岁时去英国留学，跟一位很有名的生物学教授学习。 (　)

(3) 童第周经过刻苦钻研，反复实践(jiàn)，解决了教授的难题。 (　)

(4) 童第周认为，我们只要努力，再多再难办的事也能办好。 (　)

图书在版编目（CIP）数据

中文·第九册练习册 （A）/ 中国暨南大学华文学院编 .—修订版.— 广州：暨南大学出版社，2007.9

ISBN 978-7-81029-811-7

Ⅰ. 中…
Ⅱ. 中…
Ⅲ. 对外汉语教学
Ⅳ. H195

监　制：中华人民共和国国务院侨务办公室
（中国·北京）
监制人：刘泽彭
电话 / 传真：0086-10-68320122

编写：中国暨南大学华文学院
（中国·广州）
电话 / 传真：0086-20-87206866

出版 / 发行：暨南大学出版社
（中国·广州）
电话 / 传真：0086-20-85221583

印制：东港安全印刷股份有限公司
1997 年 6 月第 1 版　2007 年 9 月第 2 版　2011年 3 月第 14 次印刷
787mm × 1092mm　1/16　6.5 印张